CATALOGUE

DE LA
BIBLIOTHÈQUE
DE LA
CONGRÉGATION
DES
DEMOISELLES
DE COLMAR.

COLMAR,

IMPRIMERIE DE CH.-M. HOFFMANN,

IMPRIMEUR DE LA PRÉFECTURE.

1866.

CATALOGUE

DE LA

BIBLIOTHÈQUE

DE LA

CONGRÉGATION

DES

DEMOISELLES

DE COLMAR.

COLMAR,

IMPRIMERIE DE CH.-M. HOFFMANN,

IMPRIMEUR DE LA PRÉFECTURE.

1866.

RÉGLEMENT.

La Bibliothèque de la Congrégation des Demoiselles a été fondée en 1848. Elle contient 2000 volumes et a pour but de propager les bons livres.

Tous les ouvrages sont mis gratuitement à la disposition des personnes qui ne pourraient facilement payer la légère cotisation demandée aux lecteurs en position de la fournir.

Les ressources pécuniaires de la bibliothèque sont :

1º Les cotisations annuelles ; 2º les dons que des personnes de bonne volonté se font un devoir d'offrir pour soutenir une œuvre d'une utilité si incontestable. Le minimum de la cotisation annuelle est fixé à 2 fr. pour les congréganistes ; à 3 fr. pour les autres abonnés de la ville ; à 5 fr. pour les abonnés de la campagne.

Les abonnements devront être réglés dans le courant du mois de janvier. Si l'on s'abonne au milieu de l'année on paiera pour l'année entière.

Il est formellement défendu de prêter les livres,

même à d'autres abonnés ; amende de 50 cent. pour cette infraction au réglement.

Tout lecteur répond des livres qui lui ont été confiés. Il est tenu de les rendre en bon état et devra les remplacer ou en payer la valeur en cas de perte ou de détérioration.

Chaque lecteur a droit à trois volumes à la fois. On ne peut les garder plus d'un mois sans en demander l'autorisation.

Les lecteurs devront toujours joindre le numéro indiqué dans le catalogue au titre du livre demandé.

La bibliothèque est déposée petite rue St.-Martin. Elle est ouverte tous les lundis de 2 heures à 4 heures, à l'exception des lundis de Pâques et de Pentecôte.

CATALOGUE

DE LA

BIBLIOTHÈQUE DE LA CONGRÉGATION

DES

DEMOISELLES.

Iʳᵉ SECTION.

LECTURES DOGMATIQUES, ASCÉTIQUES. — PIÉTÉ. —
VIES DE SAINTS.

Abandon à la divine Providence. *P. Caussade.* 226

Actes des Martyrs. 5 vol. 225

Agonie de Jésus, traité de la souffrance morale.
  P. Blot. 5 vol. 24

Ame (l') élevée à Dieu et l'âme pénitente.
  Abbé Baudrand. 2 vol. 25

— affermie dans la foi.   *Abbé Baudrand.* 26

— éclairée   — 27

— embrasée   — 28

— fidèle   — 29

— religieuse   — 50

— contemplative   — 51

— intérieure   — 52

— sur le Calvaire   — 55

Année (l') liturgique. *Don Guéranger.* 119

Année (l') chrétienne. *Mᵍʳ Letourneur.* 7 vol. 222

— 6 —

Ange (l') de l'Eucharistie, vie et esprit de *Marie Eustelle*. 2 vol.   54

Anges (les) saints. *Abbé Picau*. 2 vol.   201

Ange (l') de la confirmation.   202

Ange (l') gardien de la jeune fille.   203

    — de l'ouvrier   204

    — du domestique   205

    — gardien de l'habitant des campagnes   206

    — du jeune garçon   207

    — de la jeune ouvrière   208

Anges (les) saints.   209

Ange (l') conducteur des enfants, pendant l'année de leur première communion.   210

Anges (les) de la terre, excellence de la Virginité   16

Apostolat de la Prière. *P. Ramière*.   55

Arbre (l') de vie. *S{t} Laurent Justinien*.   46

Art d'arriver au vrai. *Balmès*.   429

Art de traiter avec Dieu. *Abbé Picau*.   199

Associations (des) religieuses dans le catholicisme. *Lenormant*.   19

Associations de prières et d'exercices pieux pour la maladie.   223

Au ciel on se reconnaît. *P. Blot*.   182

Au revoir, ou la famille au ciel. *Abbé Pioger*.   183

Auxiliatrices (les) du purgatoire. *P. Blot*.   184

Baptême et Eucharistie. *M{lle} Guyot*.   224

Beauté du culte catholique. *Abbé Raffray*. 2 vol.   231

Béthléem ou le mystère de la Ste-Enfance. *P. Faber*. 2 vol.   45

Bible (la) des familles. *Abbé Orsini*.   60

Bible (la) sainte. 2 vol.   61

Bon (le) catholique.   57

Bouquet (le) de la jeune fille. *P. Marchal*.   211

Calomnie et vérité sur le catholicisme.   15

Caractères de la vraie dévotion. *Abbé Grou.* 282

Carême (Petit). *Massillon.* 212

Carême (le). *Bourdaloue.* 3 vol. 44

Catéchisme de persévérance. *Abbé Gaume.* 8 vol. 2

Catéchisme raisonné. *Aimé et Fénelon* 215

Catéchisme de controverse. *Schefmacher.* 216

Catholique (le) à la sainte Table. 217

Catholicisme et protestantisme. *Foisset.* 14

Charité (de la) dans la conversation. *P. Huguet.* 200

Charité (de la) fraternelle. 218

Charité (de la) chrétienne dans les premiers siècles.
Frantz de Champagny. 121

Chasteté (la). *Abbé Colon.* 17

Chemin (le) de la croix. *Abbé Perreyve.* 228

Chemin (le) de la croix. *Abbé Pinart.* 229

Chemin (le) de la perfection. *P. de Nieremberg.* 243

Chrétien (le) sanctifié par l'Eucharistie. *Abbé Henry.* 241

Chrétien (le) éclairé sur les indulgences. 59

Chrétien (le) catholique. *Abbé Diessbach.* 40

Christ (le) devant le siècle. *Roselly de Lorgues.* 47

Code (le) de la vie spirituelle. 259

Combat (le) spirituel. 247

Communion (la sainte) considérée au point de vue théologique, philosophique et pratique. *P. Dalgairns.* 2 vol. 58

Conduite pour les principales fêtes de l'année. *Avrillon.* 41

Conduite de l'Avent. — 42

Conduite du Carême. — 45

Conduite pour la première communion. 240

Conformité de la foi catholique et de la constitution de l'Eglise Romaine. *Mgr Donnet.* 140

Conférences de N.-D. *P. Lacordaire.* 4 vol. 7

Conférences de N.-D. Le progrès par le christianisme. *P. Félix*. 5 vol. — 5

Conférences de *l'abbé Freppel*. La vie chrétienne. — 4

Conférences du *P. Newmann*. Le catholicisme
travesti par ses ennemis. — 5

Conférences de *l'abbé Besson*. L'homme Dieu. — 62

    L'Eglise, œuvre de l'homme Dieu, — 65

Conférences de *Mgr Landriot*. La femme pieuse.
2 vol. — 64

    La femme forte. — 65

    La Prière. 2 vol. — 66

Conférences aux dames du monde. 2 vol. — 67

    Les Béatitudes évangéliques. — 67

Conférences de *Fraissinous*. — 68

Conférences de *Mgr Mermillod*. Intelligence et
gouvernement de la vie. — 69

    De la vie surnaturelle dans les âmes. — 69

Conférences spirituelles. *P. Faber*. — 71

Conférences (petites) aux jeunes filles. — 181

Confessions (les) de St Augustin. — 43

Connaissance (de la) et de l'amour du fils de Dieu.
P. S. Jure. 4 vol. — 117

Conseils de piété tirés des lettres de Bossuet. — 118

Consolateur (le) des âmes timorées. — 141

Consolation (la) du chrétien. *Abbé Roissard*. — 104

Consolations. *P. Lefebvre*, — 72

Conversion de soixante ministres anglicans. — 220

Cours de méditations pour la jeunesse. *Abbé de
Brandt*. — 221

Cri (le) de la vérité et de la justice. *Boëgert*. — 213

Délassemenss (des) permis aux personnes pieuses.
P. Huguet. — 165

Délices (les) de l'oraison. *P. Huguet*. — 166

Délices des âmes affligées, ou lettres de consolations tirées de St Paul, St Basile, St Jérôme. — 219

Démonstration de l'Immaculée Conception. Mgr *Parisis*.   13

Dernière (la) cène. *Cath. Emerich*.   246

Dernière (la) retraite aux Carmélites. *P. de Ravignan*.   59

Derniers (les) jours du chrétien. *Abbé Bayle*.   256

Désolation (la) de Marie.   255

Devoirs de la femme chrétienne. *P. Boone*.   214

Dévotion à la sainte Eucharistie.   75

Dévotion au S.-C. de Jésus. *P. Huguet*.   74

Dévotion à St Joseph.   75

Dieu seul.   281

Dieu (que) est bon ! Pensées consolantes de Fénelon. *P. Huguet*.   167

Divine (de la) Providence.   278

Divinité (la) de l'Eglise manifestée par sa charité. *Abbé Postel*.   76

Doctrine chrétienne. *Lhomond*.   51

Doutes (mes).   283

Eglise (l') catholique, apostolique et romaine.   193

Eglise (l') et la civilisation moderne. *P. Ramière*.   6

Elévations à Dieu sur les mystères. *Bossuet*.   194

Elévations d'un cœur catholique.   105

Enfant (l') chrétien conduit par sa mère à la Table sainte.   106

Entretiens et instructions. *Bourdaloue*. 2 vol.   152

Entretiens spirituels du *P. de Ravignan* aux Enfants de Marie.   58

Entretiens spirituels   »   (Suite)   58

Epîtres et Evangiles pour tous les jours de l'année   107

Epouse (l') parfaite.   111

Epreuves (les) de la vie.   108

Espérances (les) de l'Eglise. *P. Ramière*.   5

Espérances à ceux qui pleurent. *P. Marchal*.   109

Esprit (l') de S' François de Sales. 91

Esprit abrégé » » 92

Esprit des cérémonies de l'Eglise. *Abbé Chiral.* 93

Esprit de S'° Thérèse. 2 vol. 94

Eternité (l') s'avance. 95

Etudes philosophiques sur le christianisme.
A. *Nicolas* 4 vol. 97

La Vierge Marie et le plan divin — 98

La Vierge Marie d'après l'Evangile — 99

La Vierge Marie vivant dans l'Eglise — 2 vol. 100

Eucharistie (l') méditée. 110

Evangile (l') médité. *Abbé Duquesne.* 4 vol. 101

Evangile médité. 8 vol. 102

Evangile médité. *P. Boissieu.* 4 vol. 103

Exercices de S' Ignace ou Manrèze. 151

Exposition de la doctrine catholique. *Bossuet* 153

Exposition abrégée des preuves de la religion. 52

Fait (le) divin. Histoire de la révélation.
P. Brœckaërt. 11

Fausseté (la) du protestantisme. *Mgr Malou.* 77

Femmes (les) de l'Evangile, homélies. *P. Ventura.* 8

Femme (la) catholique. — 2 vol. 9

Femme (la) parfaite selon les divines Ecritures. 154

Femme (la) comme il la faut. *P. Marchal.* 155

Festin (le) des anges. 193

Fête-Dieu (la) ou le triomphe de la foi. 37

Fêtes (les) de la Vierge Marie. 156

Fleurs du désert. 192

Fleurs dominicaines, ou les mystiques d'Unter-
linden. *Vicomte de Bussière.* 90

Fleurs monastiques. *Max de Montrond.* 1

Foi et dévotion à Marie Immaculée. 157

Fourvières. 158

Gloires (les) de Marie. *S' Liguori.* 2 vol. 159

Grand (du) moyen de la prière   —   187

Grand (le) jour approche.   160

Guerre (la) aux défauts. *Abbé Dumax.*   96

Guide (le) du premier âge. *Lamennais.*   161

Guide (le) de l'enfant chrétien.   165

Guide (le) de la jeune communiante.   162

Guide (le) de la vraie piété dans le monde.
    P. Huguet.   164

Guide (le) spirituel suivi des maximes de St Jean
    de la croix. *P. Louis de Blois.*   180

Guirlande de l'année.   270

Heures sérieuses d'une jeune personne. *Ch. Ste Foi*   172

    —   —   d'une jeune femme.   —   173

    —   —   d'un jeune homme.   —   174

    —   (dernières).   —   175

Heureux (l') matin de la vie.   169

Homme (l') de Dieu, Sublimité du sacerdoce.
    Hubert-Lebon.   18

Imitation (l') de J-C. méditée. *Abbé Herbet.* 2 vol.   127

Imitation du S.-C. de Jésus.   145

Imitation de la Ste Vierge.   138

Imitation de St Louis de Gonzague.   144

Impossibilités (les). *Mgr Parisis.*   19

Influence de la Réforme sur l'état religieux, po-
    litique et artistique de l'Europe.   20

Instructions sur la Pénitence. *Abbé Gridel.*   129

Instructions sur le sacrement de mariage.   —   130

Instructions de la jeunesse. *Gobinet.*   131

Instructions sur le Carême. *Abbé Réaume.*   132

Instructions aux domestiques. *Abbé Busson.*   133

Instructions familières. *Mgr de Ségur.*   134

Instructions et avis aux personnes qui veulent
    vivre chrétiennement dans le monde. *St Fran-
    çois de Sales.*   135

Instructions d'un père à sa fille. 156

Instructions chrétiennes des jeunes filles. *Gobinet*. 157

Instructions pour vivre chrétiennement dans le monde. *Quadrupani*. 244

Instructions pour éclairer les âmes pieuses. *Quadrupani*. 245

Instructions chrétiennes sur le sacrement de mariage. 279

Intérieur de St Joseph. *P. Huguet*. 128

Introduction à la vie dévote. *St F. de Sales*. 159

Jardin (petit) des roses. *Thomas a Kempis*. 198

Jésus parlant au cœur de la jeune pensionnaire. 280

Joseph (S^t) d'après les saints. 142

Jour (le) de Marie. *P. Blot*. 274

Jour (un) du ciel passé sur la terre. 170

Journée (une) consacrée à Marie. *P. Géramb*. 171

Journée (la) des malades. *Abbé Perreyve*. 78

Larmes (les) de Rachel. *P. Guy*. 79

Lettres de Ste Jeanne de Chantal. 2 vol. 25

Lettres de St François-Xavier. 2 vol. 22

Lettres du P. Lacordaire à un jeune homme sur la piété. 80

Lettres du P. Lacordaire à des jeunes gens. 81

Lettres à un jeune homme sur la piété. *E. de Margerie*. 82

Lettres (nouvelles) à un jeune homme, ou Emilien. *E. de Margerie*. 83

Lettres de St François de Sales à des religieuses. 2 vol. 84

Lettres de St François de Sales, adressées à des personnes vivant dans le monde. 85

Lettres de St Bernard. 86

Lettres spirituelles de Bossuet. 87

Lettres à Eugène sur l'Eucharistie. *P. Géramb*. 88

Lettres de piété de Fénelon. 89

Libre (du) retour à la foi par l'expérience. *Nisard.* 21

Livre (le) de la jeune femme chrétienne. 125

Livre (le) du chrétien. 126

Livre (le) d'office expliqué. *Abbé Raffray.* 158

Livre (le) de la première communion. 149

Livre (le) des malades. *Ozanam.* 146

Livre (le) de l'enfance chrétienne. *Mme de Flavigny.* 147

Livre (le) des jeunes personnes. 150

Livre (le) des classes ouvrières. *Abbé Mullois.* 276

Livre (le) d'or ou l'humilité en pratique. 277

Livre (petit) de tous. 148

Manière de sanctifier les actions de la journée. 275

Manuel du Pélerin aux Trois-Epis. 252

Manuel de la bonne mort. 250

Manuel des âmes intérieures. *Grou.* 418

Manuel des pieuses domestiques. *Ozanam.* 255

Manuel des pieuses ouvrières. — 254

Manuel pratique de la première communion. 257

Manuel du rosaire vivant. 258

Marie réparatrice et l'Eucharistie. 185

Marie au cœur de la jeune fille. 260

Marie (Ste) Madeleine. *Abbé Coulin.* 145

Marie (Ste) Madeleine. *Père Lacordaire.* 144

Martyrs (les) en Chine. 114

Martyrs (les) du Japon. 12

Mater admirabilis. *Abbé Monin.* 113

Maximes de la philosophie chrétienne. 242

Méditations et soliloques de St Augustin. 120

Méditations sur la vie et les mystères de N. S.
   Abbé de Brandt. 5 vol. 115

Méditations sur le mariage. *Abbé Coulin.* 122

Méditations sur la virginité. — 123

Méditations sur le St Evangile. *Bossuet.* 124

Méditations pour les Enfants de Marie. *P. Huguet.* 197

Mémoires de la Mère de Chaugy. 54

Mémorial des vierges chrétiennes. 176

Mère (la) de Dieu, mère des hommes. *P. Ventura.* 112

Méthode pour converser avec Dieu. 179

Miroir des vierges chrétiennes. 177

Miroir des domestiques chrétiens. 178

Mission et devoirs de la femme chrétienne au sein de la société. *Ozanam.* 115

Missionnaire (le) des familles chrétiennes, tiré des écrits du prince de Hohenlohe. 227

Missionnaire (le) catholique, livre de controverse. 56

Mois (le) de St Joseph. 252

Mois de Marie. Marie, Étoile de la mer. 253

— Ève et Marie. *Abbé Pioger.* 254

— Marie au pied de la croix. 255

Mois de Marie des âmes intérieures. 256

Mois de Marie. *Abbé Pinart.* 257

— Un mois de correction. 258

— Auréole de la Mère de Dieu. 259

— Rosée de mai. 260

— Délices des Enfants de Marie. 261

Mois de Marie des associées du Rosaire. *P. Poton.* 262

Mois des âmes pieuses. 263

Mes heures avec Marie. *Hubert Lebon.* 264

La Vierge-Mère. 265

La petite fille de la Ste Vierge. 266

Mois de Marie. *P. Lalomia.* 267

— — *Mme Tarbé des Sablons.* 268

Mois du Précieux-Sang. 196

Morale de la Bible. *Abbé Didon.* 400

Morts (les) souffrants et délaissés. *P. Félix.* 401

Morts (les) et les vivants. *P. Matignon.* 402

Motifs qui m'ont déterminé à embrasser le catholicisme. *Abbé Rohrbacher*. 405

Neuvaines à la Ste Vierge. 275

Observance (de l') des lois de l'Eglise dans le
monde. *Mme de Marcey*. 401

Œuvres spirituelles de Fénelon. 4 vol. 406

Œuvres de l'abbé Chassay. Histoire de la Ré-
demption. 386

    Difficultés de la vie de famille. 387

    Chrétien (le) dans le monde. 388

    Manuel d'une femme chrétienne. 389

    Femme (la) chrétienne dans ses rapports
    avec le monde. 390

    Devoirs des femmes dans la famille. 391

    Epreuves (les) du mariage. 392

    Pureté (la) du cœur. 393

Œuvres complètes de St *Louis de Gonzague*. 412

Opuscules du *P. Boone*. 3 vol. 414

Opuscules (pieux). 455

Opuscules des Pères. 454

Panégyrique du *B. P. Fourier*. 55

Passion (la douloureuse). *Cath. Emerich*. 49

Passion (la) méditée. *Jacoulot*. 415

Pensées de *Bourdaloue*. 3 vol. 450

Pensées chrétiennes pour tous les jours de l'année.
Abbé Carron. 12 vol. 248

Pensées de St Jean-Chrysostôme et de St François de Sales. 441

Pensées sur les plus importantes vérités de la religion. *Abbé Humbert*. 455

Pensez-y-bien. 450

Perfection (la) chrétienne dans le monde. *Abbé
Bourgeau*. 452

Perfection (la) des jeunes filles. *Abbé Cherojon*. 446

Persévérance chrétienne après la première communion. 455

Petit Rituel. *Abbé Réaume.* 440

Petites (les) vertus. *Ozanam.* 457

Piété et vie intérieure, petits traités. *Mgr Ségur.* 459

Pieux conseils pour pratiquer la vertu. 451

Postulante (la) et la Novice. *Abbé Leguay.* 420

Pouvoir de St Joseph. *P. Huguet.* 168

Pratique de l'amour envers J.-C. *St Liguori.* 188

Pratique de la perfection chrétienne. *Rodriguez.* 5 vol. 427

Pratiques pour la semaine sainte. 448

Préparation à la mort. *St Liguori.* 186

Première Pâques. 454

Profanation (de la) du dimanche. *Mgr Gaume.* 447

Protestantisme (le) comparé au catholicisme. *Balmès.* 428

Question (la) du surnaturel. *P. Matignon.* 405

Réflexions et prières pour la Ste Communion. 70

Réflexions sur la miséricorde de Dieu. 449

Règles pour le choix d'un état de vie. *Mgr Malou* 451

Règne (le) de Dieu dans l'oraison mentale. *Boudon.* 456

Regrets et espérances. 442

Religion (la) du cœur, lectures consolantes pour chaque jour du mois. 445

Réponses aux objections contre la religion. *Mgr de Ségur.* 445

Retraite spirituelle. *P. Croiset.* 2 vol. 426

Retraite annuelle des dames. *Abbé Lecourtier.* 425

Retraites sur les vertus du S.-C. de Jésus. 424

Révélation de Ste Brigitte. 4 vol. 425

Science (la) du vrai bonheur pour les jeunes personnes du monde. 10

Secret (le) de la perfection. *St Liguori.* 189

Sept (les) dons du S'-Esprit d'après les saints Docteurs.   421

Signe (le) de la croix au XIXe siècle. *Mgr Gaume.*   596

Simplicité mène à Dieu.   422

Société (de la) chrétienne au IVe siècle d'après les lettres des Pères de l'Eglise.   55

Souffrances de J.-C. *P. Thomas de Jésus.* 2 vol.   50

Souffrances et consolations, méditations à l'usage des malades.   249

Souvenirs du Calvaire.   250

Sujets d'oraison pour les Enfants de Marie.   251

Théologie à l'usage des gens du monde. *Ch. Sainte Foi.*   597

Traité de l'espérance.   598

Traité sur l'aumône   407

Traité de la paix intérieure. *P. Lombez.*   408

Traité des Indulgences et du Jubilé. *Abbé Pinart.*   409

Traité sur les petites vertus. *Abbé Roberti.*   457

Traité de l'amour de Dieu. *St François de Sales.*   272

Traité de l'amour de Dieu. *Comte de Stolberg.*   410

Triomphe de la Croix. *Jérome Savonarole.*   599

Unique (l') chose nécessaire.   411

Veilles de St Augustin.   594

Vertus et doctrine spirituelle de St Vincent de Paul.   595

Vertu (la) angélique. *Arrisenet.*   281

Vertu (la) parée de tous ses charmes, traité sur la douceur.   271

Vie de N. S. J.-C. *Louis Veuillot.*   513

Vie de N. S. J.-C. *P. de Ligny.* 2 vol.   287

Vie de N. S. J.-C. tirée des quatre Evangélistes.   288

Vie de N. S. J.-C. *P. Croiset.*   289

Vie de la Ste Vierge. *Abbé Orsini.*   290

Vie de la Ste Vierge. *Chanoine Hirscher.*   291

Vie de la Ste Vierge, traduite par *l'abbé Reinhard.*   291

Légende de N.-D. *Abbé Darras.*   292

Vie de la Ste Vierge, Etudes et méditations avec une introduction par Mgr Mermillod.   293

Vie des Saints. *P. Croiset.* 12 vol.   285

—   —   *Godescard.* 20 vol.   284

—   —   abrégée pour tous les jours de l'année.   286

Vie et extrait des écrits de S. Ambroise.   504

—   —   —   — S. Augustin.   505

—   —   —   — S. Basile.   506

—   —   —   — S. Bernard.   507

—   —   —   — S. Cyprien.   508

—   —   —   — S. Grégoire de Nazianze.   509

—   —   —   — S. Jean-Chrysostôme.   510

—   —   —   — S. Jérôme.   511

Vie de St Alphonse de Liguori. *Card. Villecourt.* 4 vol.   512

— S. Augustin. *Poujoulat.* 2 vol.   555

— S.   —   —   abrégé.   556

— S.   —   apôtre de l'Angleterre.   557

— S. Bernard. *Abbé Ratisbonne.* 2 vol.   295

— S. Charles Borromée. *Alex. Martin.*   298

— S. Camille de Lellis.   558

— S. Dominique. *P. Lacordaire.*   514

— S. Eloi.   546

— S. François de Sales. *Abbé Hamon.* 2 vol.   515

— S.   —   —   *Marsollier.*   294

— S. François Régis. *Daurignac.*   382

— S.   —   —   *P. Daubenton.*   560

— S. François de Borgia. *Daurignac.*   579

— S. François d'Assise.   —   584

— S.   —   —   *Emile Chavin de Malan.*   520

— S. François-Xavier. *Daurignac.*   583

Vie de S. Ignace de Loyola. *Daurignac.*   585

  — S. — — *P. Bouhours.*   297

  — S. Joseph. *Abbé Picau.*   528

  — S. Léger. *Don Pitra.*   516

  — S. Louis, roi.   557

  — S. Louis de Gonzague. *Daurignac.*   581

  — S. — — *Abbé Gillet.*   531

  — S. — — —   532

  — S. — — *Père Croiset.*   555

  — S. Martin, évêque de Tours.   571

  — S. Philippe de Néri.   554

  — S. Privat.   575

  — S. Stanislas Kostka. *P. Bartoli.*   550

  — S. — *P. d'Orléans,*   529

  — S. Thomas d'Aquin. *Abbé Bareille.*   541

  — S. Vincent de Paul. *Abbé Maynard.* 4 vol.   517

  — S. — — *Collet.*   518

  — S. — — —   559

  — S. — — *Abbé Orsini.*   540

Vie de plusieurs saints Monarques.   558

Vie des Saints canonisés en 1839.   559

Vie du bienheureux père Canisius.   552

  — — père Claver.   551

  — — Berchmans. *Abbé Bailli.*   576

  — — — *P. Frison.*   577

Vie du vénérable Boric.   564

  — — Benoît Labre.   549

  — — — — Desnoyers. 2 vol.   519

Vie de Ste Adelaïde.   574

  — Ste Angèle de Foligno.   545

  — Ste Blanche de Castille. *Daurignac.*   578

  — Ste Catherine de Sienne. *Emile Chavin de Malan.*   522

Vie de Ste Catherine de Sienne abrégée   565

—   S^{te} — — Abbé ***   566

—   Ste Cécile. *Don Guéranger.*   563

—   Ste Claire d'Assise. *Demore.*   296

—   Ste Elisabeth de Hongrie. *Montalembert.*   562

—   Ste Eugénie. *Abbé Tourzel.*   524

—   Ste Françoise-Romaine. *Vicomte de Bussière.*   526

—   Ste Gudule. *Balleydier.*   568

—   Ste Jeanne de Chantal. *Abbé Bougaud.* 2 vol.   525

—   S^{te} — — *Daurignac.*   580

—   S^{te} — — 554

—   Ste Lidwine. *Abbé Coudurier.*   505

—   Ste Marguerite d'Ecosse. *Mme de Bray.*   561

—   Ste Monique. *Abbé Bougaud.*   500

—   S^{te} — *Abbé Petit.*   299

—   S^{te} — *Comte Coëtlosquet.*   501

—   Ste Odile. *Vicomte de Bussière.*   570

—   Ste Philomène.   544

—   Ste Radegonde. *Vicomte de Bussière.*   327

—   Ste Richarde.   502

—   Ste Rose de Lima.   572

—   Ste Thérèse, écrite par elle-même, trad. par *l'abbé Bouix.*   521

—   Ste Thérèse. *Colombet.*   548

—   Ste Thérèse, avec des lettres choisies. 2 vol.   547

—   Ste Véronique Giugliani. *Abbé Pieau.*   545

—   Ste Zite. *Montreuil.*   525

—   Saintes Servantes. *d'Everlanges.*   555

—   la bienheureuse Baptiste Varani.   542

—   Germaine Cousin.   575

—   Marguerite-Marie Alacoque. 2 vol.   556

—   Françoise d'Amboise. *Vicomte de Kersabiec.*   550

—   Marie des Anges.   555

Vie de Louise Marillac. 567
— la vénérable Marie-Christine de Savoie. 569
Vie chrétienne d'une dame dans le monde.
  P. de Ravignan. 58
Vie (de la) heureuse. *S' Augustin.* 452
Vocation (la). 419
Voie de la paix intérieure. *P. Lehen.* 417
Voie de la véritable et solide vertu. *Abbé Leguay.* 416
Voie du salut ou guide du chrétien. *Abbé Niel.* 191
Voie du salut. *S' Liguori.* 190
Vraie et solide piété. *S' François de Sales.* 413
Zèle (du) de la perfection religieuse. *P. Bayna.* 453

IIe SECTION.

TRAITÉS MORAUX, VIES ET BIOGRAPHIES DE PERSON-
NAGES ILLUSTRES, ÉDUCATION, NOUVELLES.

A fond de cale. *Mayne Reid.* 530

Abbé (l') de Rancé. *D'Exauvillez.* 531

Académie (l') chez bonne Maman. *Mme de Stoltz.* 532

Adelaïde, ou la couronne de fer. *William Mac-Cabe.* 572

Adelaïde de Witzbury. 1170

Adelaïde de Lichtenberg. 1171

Adolphe et Mélanie. *Abbé Auber.* 1129

Adrien, lettres d'une mère à son fils. *H. Corne.* 505

Æmilianus, ou le soldat martyr. 533

Age (l') de raison. *Abbé Bérel.* 534

Agnès l'aveugle. *Mme Caddel.* 536

Agnès de Lauvens. *L. Veuillot.* 2 vol. 535

Ailey Moore. *P. Baptiste.* 537

Albina, ou la sainte modiste. 538

Alexis Boutteux, notice sur un étudiant en mé-
decine. 1172

Alfred et Casimir. 539

Alice, ou expérience du monde. 540

Alice Scherwin. 492

Alice et Marie. 590

Alphabet (l') de la malice des femmes. 1087

Amalia Corsini. 588
Amie (l') des jeunes personnes. 587
Amies (les) de pension. 466
Anecdotes édifiantes. *Abbé Reyre*. 563
Anecdotes chrétiennes. *Comte de Stolberg*. 564
Ange (l') du pardon. 565
Ange (l') de la famille, journal de *Marthe Lambert*. 566
Anges (les) de la vallée. 606
Ange (un) sur la terre ou Lagrimas. *F. Caballero*. 589
Anges (les) sur la terre. *Abbé Leconteur*. 1089
Ange (un) de plus au paradis. 1086
Angeline, ou la solitaire. 541
Anna, ou la piété filiale. 542
Anna et Maria, ou deux chemins dans la vie. 543
Anne-Marie-Paule-Dominique de Noailles. 544
Anneau (l') impérial. 545
Antoine et Joseph, ou les deux éducations. 546
Antoine de Bonneval, ou Paris au temps de
    St Vincent de Paul. 547
Après l'école, ou l'apprentissage. 548
Ars et le jeune philosophe, suivi d'Ars et la
    Trappe. 2 vol. 549
Art de la conversation. *P. Huguet*. 553
Art de rendre heureux. *Abbé Carron*. 1142
Arthur et Laure. 555
Auguste Marceau. 556
Aumônier (l') du régiment. *Mme de la Rochère*. 495
Auprès des malades. *P. Price*. 557
Aurélie, ou le monde et la piété. 558
Aurélien. *II. Conscience*. 2 vol. 559
Aventures de mer. 567
Balances (les) du bon Dieu. 568
Bataille (la) de la vie. *Dickens*. 569

Batelière (la) de Venise. 526

Beauvallon, ou les devoirs de la famille. 570

Bérénice, ou le pélerinage à Jérusalem. 571

Berthe ou le pape et l'empereur. *William Mac-Cab*. 573

Bibliothéque chrétienne de la jeunesse. 10 vol. 1178

Bibliothèque de l'enfance. *Chanoine Schmitt*.
  40 vol. 1179

Bienfaiteurs (les) de l'humanité. 575

Biens (les) de l'Eglise. 1175

Bijou (le) d'une mère. 582

Biographies de quelques femmes célèbres. 576

Biographie du P. Lacordaire. 459

      — de Pie IX. 577

      — d'O'Conell. 578

      — de Mgr Affre. 1144

Blanche de Bourbon. 579

Blanche de Savenay. 580

Blanche et Noémi. 581

Bon sens (le) véritable du curé Mélier. 1145

Bonheur (le) de la religion. *Mme Ste-Marie*. 583

Bonheur (le) des époux chrétiens. 1143

Bonne (la) Maria. 584

Bonnes (les) élèves. 585

Bonne (la) mère de famille. 1161

Branche (la) de rumex. 586

Brigitte de Valady. 605

Cabane (la) de l'île d'Helgoland. 475

Callista. *P. Newmann*. 481

Caroline de Terville, mémoires d'une dame de
  charité. 498

Cathelineau (les) épisode de la guerre de Vendée. 591

Causeries et mélange. *J. Gouraud*. 593

Césonia. *Lehmann*. 592

Châlet (le) d'Auteuil. *T. St-Germain*. 1073

Chambre (la) des ombres. *Marin de Livonnière.* 594
Champ (le) de blé. *Mazure.* 595
Champ (le) de roses. *Alf. des Essarts.* 596
Chapelle (la) Bertrand. *Loc-Maria.* 597
Chapelain (le) de la Rovella. 598
Charité (Manuel de). *Abbé Mullois.* 599
Charité (la) aux enfants. — 600
Charité mène à Dieu. *Ad. Archier.* 601
Charité (la) en face du choléra. 1152
Chasse (la) aux lions. 602
Chasse (la) aux prêtres. 1104
Château (le) d'Avrilly. 603
Château (le) de l'aïeule. 477
Château (le) de Bois-le-Brun, suivi de Laure
    de Cernan. 2 vol. 493
Châtelaines (les) de Roussillon. 604
Chaumière (la) de H^t-Castel. 479
Chaumière (la) de Marthe. 474
Cheval (le) blanc. *Nettement.* 607
Chevalier (le) noir, ou l'Angleterre au XVIme siècle. 608
Choix de bonnes lectures. 494
Chrétiens (les) de Syrie. 781
Chrétiennes (les) de la cour. 609
Christine, ou la religion dans le malheur. 1096
Cinq années de la vie des jeunes filles. 610
Civilité des jeunes personnes. 611
Clairières (les). *E. Souvestre.* 612
Clémence, ou Dieu veille sur l'orpheline. 464
Clémence de Lisville. 475
Clémentine, ou le chrétien dans le malheur. 1099
Cœurs (les) dévoués. *Alf. des Essarts.* 613
Coin (le) du feu. 614
Colon (le) de Mettray. 615

Combats (les) de la vie. *Bathild. Bourniol.* 2 vol.   616

Compagnons (les) de Colomb.   617

Comte (le) de la Ferronnaye et Ratisbonne.   618

Comte (le) de Stolberg à ses enfants.   1151

Comtesse (la) de Glosswood.   517

Comtesse (la) de Bonneval. *Lady Fullerton.*   516

Confessions (les) d'un ouvrier. *E. Souvestre.*   619

Confidences (les) d'une jeune fille. *Mme Falaize.*   497

Congrégations (les) religieuses. *A. de Ségur.*   482

Conscrit (le). *H. Conscience.*   560

Conseils à mes enfants, par un catholique.   620

Conseils aux mères sur l'éducation de leurs enfants.   621

Considérations sur la propagation des mauvaises doctrines.   622

Contes du bocage. *Ed. Ourliac.*   623

Contes de Noël. *Dickens.*   624

Contes de Bretagne. *P. Féval.*   625

Contes de l'adolescence. *Miss Edgeworth.*   626

Contre un proverbe. *Thérèse Alf. Karr.*   627

Conversations de Mme de Maintenon.   1150

Conversations sur plusieurs sujets de morale.   1156

Conversion (ma) et ma vocation. *P. Schouvaloff.*   480

Conversion de Hurter.   1154

Conversion du pianiste Hermann.   1153

Conversion d'une famille protestante.   1180

Correspondance d'une élève du Sacré-Cœur.   628

Courage et résignation.   514

Cour (la) du roi Dagobert.   629

Cours de morale à l'usage des Demoiselles.   631

Couronne (la) de roses blanches.   630

Croix (la) et l'épée, souvenirs de la guerre d'Orient.   1155

Croix (la) d'Orval.   465

Curé (le) d'Auvrigny. 476
Curé (le) d'Ars et la Salette. 550
Curé (le) d'Ars et Ste Philomène. 1224
Curieuses origines. 632
Débuts (les) de la vie. 1126
Délices (les) de la religion. 634
Delphine, ou la langue sans frein. 1122
Déodat. 1123
Derniers (les) jours de Pompéï. 633
Derniers (les) jours d'un soldat condamné à mort. 1125
Derniers (les) jours du condamné Robol. 1124
Dernier (le) des Rabasteins. *A. Mazas.* 529
Dernière (la) Vestale. 641
Deux (les) amies de pension. 1125
Deux mystères. *Card. Wisemann.* 527
Deux humilités illustres. 528
Deux voies. *Mary.* 635
Deux (les) jumelles. 636
Deux sœurs. 1092
Deux (les) moulins. 637
Deux histoires vraies. *Abbé Cabrières.* 715
Deux (les) veuves. 638
Deux (les) orphelins. 639
Deux (les) créoles. 640
Devoirs d'une bonne réputation. 1153
    — d'une femme. *Ad. Archier.* 642
    — d'une bonne petite fille. *Abbé Bécel.* 534
    — envers les pauvres. 1137
Dialogues moraux. 644
Dimanche (le) et les fêtes catholiques. 645
Dinah. *Mme de Cortanze.* 646
Direction maternelle de la jeune fille. 647
Dorsigny (les). 511

Dots (les). *E. Nyons.* 648

Echarpe (l') bleue. 649

Ecole (l') des jeunes Demoiselles. 650

Ecolier (l') vertueux. *Abbé Reyre.* 1128

Edith, ou la fille du recteur. 656

Edith Mortimer, ou les épreuves de la vie. 657

Education (l') de l'enfance. 653

Education (l') des jeunes filles. *Mme Drohojowska.* 654

Education (l') des femmes. *Mme de Bassanville.* 655

— . maternelle. 652

— des filles. *Fénelon.* 1067

Edward Blackford. 468

Edwin, ou le jeune martyr. 482

Elda de Kérénor *Mme T. des Sablons.* 460

Elise. 1080

Elisa et Marcie. 1088

Eloi l'organiste. 1081

Emma, ou le modèle des jeunes personnes. 1082

Emilia Paula. *Abbé Bareille.* 2 vol. 499

Empire (l') de la foi. 658

Enfants (les) de Clovis. 659

Enfant (l'). 660

Enthousiasme (l'). *Mme Gjertz.* 661

Entretiens de village. *Cormenin.* 662

Epagathus, ou les martyrs de Lyon. 663

Epis (les) de Ruth. *Abbé Fouré.* 478

Epreuves (les) d'une mère. *B. Bonniol.* 664

Esclave (l'). *Mme Drohojowska.* 666

Espérances trompées. 1085

Esprit (un) fort. 1125

Esprit (un) et un cœur vivifiés par le catholicisme. 470

Esquisses morales et historiques. *Cadoudal.* 667

Esquisses. *Alf. de Courcy.* 668

Esquisses morales. *Julie Gouraud.*   669

Estelle, ou la vierge des Alpes.   654

Eté (l') sous les tilleuls.   502

Etoile (l') de Tunis.   467

Etoile (l') du matin, journal mensuel. 3 vol.   496

Etoile (l') de la mer. *Mme de Braye.*   671

Eugénie, vie et lettres d'une orpheline.   1120

Expiation (l'), ou Cécile d'Erlan.   525

Fabiola, ou l'Eglise des catacombes.
   Card. Wisemann.   491

Fabliaux du moyen-âge.   1121

Faits et récits contemporains. *Cadoudal.*   670

Famille (la) de Kendal.   1074

   —   Dumonteil.   672

Famille (la) Cazotte. *Anna Marie.*   673

Famille (la), cours de philosophie morale. *P. Janet.*   674

Famille (une). *Mme Guizot.* 2 vol.   676

Famille (de la vie de). *Mme de Marcey.*   678

Famille (la). *Amédée de Margerie.* 2 vol.   675

Famille (la) Morand. *Ad. Archier.*   677

Fanchonnette.   679

Fantaisies scientifiques de Sam. *A. Berthoud.*
   4 vol.   680

Fastes et légendes du St-Sacrement. *De Gaulle.*   682

Faux (les) visages. *Mme Drohojowska.*   683

Femmes (les) qui savent souffrir. *A. Bouchet.*   684

Femmes (les) pieuses de la France.   501

Femmes (les) dans le célibat. *A. de Milly.*   681

Ferme (la) d'El-Rarbi.   472

Fêtes (les) d'enfants.   685

Fêtes (les) chrétiennes.   687

Feuille (la) de coudrier. *T. Saint Germain.*   1071

Fiancés (les). *Manzoni.* 2 vol.   686

Fille (la) de l'émigré. 690

Filles (les trois) du ciel. 689

Filleule (la) d'Alfred. *B. Bouniol.* 665

Fioretti de S¹ François d'Assise. 688

Firmin, ou le jeune voyageur en Égypte. 691

Fleurette d'Occitanie. 998

Fleurs dominicaines ou les religieuses du couvent
de Sᵗᵉ-Agnès à Strasbourg. *Vᶜᵗᵉ de Bussière.* 504

Fleurs et fruits de la foi. *Abbé Fouré.* 694

Fleurs du paradis. *Alf. des Essarts.* 1095

Fleurs de famille. *Célarier.* 487

    — des champs. *F. Caballero.* 692

    — de la légende dorée. *Abbé Calas.* 695

    — à Marie. *Turquety.* 1440

Florence Raymond. *Julie Gouraud.* 695

Florine, ou une page de l'histoire des croisades. 574

Fortune et richesse. *Jean Lander.* 696

Foyer (le) assiégé. *William O'Gornam.* 697

Foyer (au) de la famille. 468

France (la) et l'Église. *Abbé Dret.* 1140

Frère (le) et la sœur. 698

Frères (les) de lait. 1112

Gabrielle-Claire. 2 vol. 699

Galerie des jeunes vierges. 700

Gatienne, ou courage d'une jeune fille. 701

Générosité et douceur ou les héroïnes chrétiennes. 702

Géraldine, ou l'histoire d'une conscience. 703

Gerbe (la). *Alf. des Essarts.* 704

Gertrude d'Est. 1125

Gilles de Bretagne, ou le fratricide. *V. Walsh.* 705

Grâces (les) chrétiennes, la Foi. 1115

Guérillas (les). *Loc-Maria.* 2 vol. 706

Guerre et paix. *F. Bremer.* 707

Guerre (la) noire, souvenirs de St.-Domingue.
   d'Auriac.   708
Guide (le) à Sainte-Odile.   1063
Guillaume et Lucie.   1076
Hélène ou l'empire sur soi-même.   1065
Héros (les) de la charité.   709
Héros et martyrs, épisode des guerres de Vendée.
   Mme de la Rochère.   710
Heureux (les) fruits de la vertu.   1114
Héritier (l') du mandarin. *Urbain Didier.*   711
Histoires et légendes irlandaises. *Nettement.*   714
Histoire d'un village. *Vicomte de Melun.*   1115
  — du mont Valérien.   —   1116
  — de deux âmes.   —   715
Histoires, contes et nouvelles. *V. Walsh.* 2 vol.   716
Histoires édifiantes. *Abbé Baudrand.*   717
Histoires morales.   718
Hommages et souvenirs. *Célestin de Sévanne.*   483
Hommes (les) noirs. *Delaporte.*   719
Hypathia.   515
Immolation. *Lafond.*   720
Incas (les).   721
Institut (de l') et de l'existence des Jésuites.
   P. de Ravignan.   722
Instructions sur les spectacles.   1117
  — sur les romans.   1118
Intérieur (l') d'un pensionnat.   723
Isabelle de Saint-Georges.   725
Isola. 2 vol.   724
Italie (l') ou une conversion au XIXe siècle.   524
Jacques, ou l'enfant de la crèche.   726
Jean Racine.   727
Jésuites (les) au bagne.   1119

Jeune (une) fille modèle. 728

Jeune (le) docteur. *H. Conscience.* 561

Jeunes (les) ouvrières. 729

Jeunes (les) filles et les jeunes femmes.
  Mme Brisset des Nos. 730

Jeunesse (la) des princes. 731

Joseph Régnier. *U. Didier.* 712

Journal d'une visitandine pendant la Terreur. 732

— de Gaston, heures sérieuses d'un écolier. 733

— des bons exemples, revue mensuelle. 457

Journal d'un solitaire. *A. de Milly.* 750

Journée (une) bénie de Dieu. 749

Julia, ou la captive. 751

Julie. *Mme de Stoltz.* 465

Ketty Leinster. *Mme Sainte-Marie.* 1094

Labruyère (le) des jeunes personnes. 734

Lady Anne, premières années d'une orpheline. 735

Lady Clare. *T. Saint Germain.* 1069

Lampe (la) du sanctuaire. *Card. Wisemann.* 736

Lances (les) de Linwood. 471

Laurentia. *Lady Fullerton.* 737

Laure et Anna. 738

Lazarine. 1095

Lectures d'hiver. *Alf. des Essarts.* 782

Lecture en famille. *P. Huguet.* 739

Légendes intimes. *Mme Tarweld.* 740

Légendes (petites). 1176

Légende dorée des prêtres et des moines. 1102

Légendes du dimanche, du blasphème. 1104

Légende de St Jean-Baptiste. 1105

Légende (une) du XIXe siècle. 1005

Légende (une) celtique. *Hersart de la Villemarqué.* 741

Légendes de la Vierge. *Collin de Plancy.* 506

Légendes des femmes. *Collin de Plancy*.   507
—   des saintes images. —   508
—   des vertus théologales.   —   509
—   des croisades.   —   510
Léontine et Marie.   742
Lettres sur l'éducation. *Mistress Chapone*.   743
—   sur l'éducation du peuple. *Laurentie*.   1138
—   à ma fille. *Baron de Fondragon*.   1139
—   sur l'extatique de Niederbronn.   744
Livre des pères et des mères de famille.   1106
— des affligés. **2** vol.   745
— des saintes.   503
Luxe (du) au point de vue de la famille et de la
   religion. *P. Huguet*.   554
Lydia et Anatole.   1107
Lydia.   746
Lyre sainte.   1103
Madeleine, histoire chrétienne.   747
Madeleine, histoire d'Auvergne.   748
Mademoiselle de Monteymart.   1079
Magasin catholique. Collection complète.   456
Maison (une) du faubourg.   1109
Manuscrit (le) bleu ou la jeune femme chrétienne.   752
Marcel. *H. Corne*. **2** vol.   753
Marianne Aubry. *J. Gouraud*.   754
Margherita Pusterla. *César Cantu*.   755
Marguerite (la) de San-Miniato.   756
Marguerite Danvers.   757
Marie, ou la destinée de la femme.   758
Marie (Ste) des bois.   759
Marie et Juliette.   1098
Marie-Rose, ou la résignation chrétienne.   760
Marie, ou la vertu heureuse de s'ignorer.   1097

Marie, ou la Fête-Dieu.   1110
Marie-Thérèse en Hongrie. *Loc-Maria.*   518
Marie de Kervon.   761
Marthe. *Alf. des Essarts.*   959
Martyre de la vierge Eulalie.   482
Martyrs (les) de Castelfidardo.   762
Mathilde et Gabrielle.   763
Maurice, ou la confiance en Dieu.   1077
Médecin (un) sous la Terreur.   764
Mélanie et Lucette.   552
Mémoires du chanoine Schmitt. 2 vol.   461
Mémoires d'Antoine. *Rondelet.*   765
Mémoires d'un père sur la vie et la mort de son
    fils.   462
Mémoires d'un ange gardien.   1075
    — d'un peuplier.   1111
    — d'un bébé. *Mme de Braye.*   766
Mémorial de famille. *E. Souvestre.*   767
Mesnil (le) au bois.   643
Mères (les) chrétiennes.   769
Mère (la) Ste Euphrasie.   768
Messager du Sacré-Cœur.   770
Miracle (le) de la Salette. 2 vol.   551
Missionnaire (un) russe. *Prince Galitzin.*   1181
Modèle des premières communiantes.   1091
Mon couvent (les ruines de). *Léon Bessy.*   771
Mon cloître, mémoires de sœur Adèle. *Léon Bessy.*   772
Morale (la) en action, dédiée à la jeunesse.   1064
Mort de Lady Talbot, princesse Borghèse.   525
Mozart, vie d'un artiste chrétien. *Goschler.*   775
Naufrages célèbres.   774
Newton de la jeunesse.   1127
Notice sur la médaille miraculeuse.   1090

Notice sur la vie de Gabrielle, de Marie, etc. 521
   — sur Mgr Mathéo Nakar. 482
   — sur Mme Elisabeth de la Croix. 1181
   — sur le P. de Ravignan. 482
   — sur Mme Leboutciller. 1181
   — sur M. l'abbé Desgenettes. 775
   — sur le P. Hernsheim. *P. Danzas.* 1181
   — sur Mlle Célestine Boguais de la Boissière. 776
   — sur Mme Elisabeth Galitzin. 482
Nouvelles morales du faubourg. 1177
Nouvelles héroïnes chrétiennes. *Abbé Caron.* 777
Nouvelles germaniques. *Werfer.* 500
   — religieuses. *Mme T. des Sablons.* 1141
   — morales. *Mme de la Rochère.* 778
   — diverses. *E. Ourliac.* 1062
Nuit (une) pendant l'inondation. *Cartier.* 779
Œuvres de *Hyp. Violeau.* Veillées bretonnes. 788
   — Nouvelles Veillées bretonnes. 789
   — Histoires de chez nous. 790
   — Souvenirs et nouvelles. 791
   — Récits du foyer. 2 vol. 792
   — Un homme de bien. 793
   — La maison du cap. 794
Œuvres de *Mlle Monniot.* Le journal de Marguerite.
   2 vol. 795
   — Marguerite à vingt ans. 2 vol. 796
   — Mme Rosely, ou la marâtre chrétienne. 2 vol. 797
   — Raphaëla de Mérans. 798
   — Nina l'incorrigible. 799
   — La chambre de la grand'mère. 800
   — Coralie Delmont. 801
Œuvres de *Drieude.* Les solitaires d'Isola Doma. 802
   — Rosario. 803

Œuvres de *Drieude* Adhémar de Belcastel.   804
  — Lorenzo.   805
  — Dom Léo.   806
  — Silva.   807
  — Isala.   808
  — Les épreuves de la piété filiale.   809
  — Edmour et Arthur.   810
Œuvres de *M. Eug. de Margerie*. Etudes littéraires.   811
  — Scènes de la vie chrétienne. 2 vol.   812
  — Contes d'un promeneur.   813
  — Les aventures d'un berger.   814
  — Réminiscence d'un vieux touriste.   815
  — La légende d'Ali.   816
  — Les six chevaux du corbillard.   817
Œuvres de *Mlle Ulliac Trémadeure*. La pierre de
    touche.   818
  — Claude ou le gagne-petit.   819
  — Secrets du foyer.   820
  — Souvenirs d'une vieille femme. 2 vol.   821
  — Nouvelles scènes du monde réel.   822
Œuvres de *l'abbé Baulain*. La belle saison à la
    campagne.   823
  — Le chrétien de nos jours.   824
  — La chrétienne de nos jours ; 1re partie, la jeu-
    nesse.   825
  — La chrétienne de nos jours ; 2e partie, l'âge
    mûr et la vieillesse.   826
Œuvres de *Mme Bourdon*. Les servantes de Dieu.   827
  — Denise.   828
  — Le foyer.   829
  — Antoinette Lemire.   830
  — Quatre nouvelles historiques.   831
  — Nouvelles historiques.   832

Œuvres de Mme *Bourdon*. Pulchérie.   833

— Souvenirs d'une institutrice.   834

— Les Homonymes de l'histoire.   835

— Veillées du patronage.   836

— Les Béatitudes.   837

— Souvenirs d'une famille du peuple.   838

— Le droit d'aînesse.   839

— La vie réelle.   840

— La charité.   841

— Le divorce.   842

— Tableaux d'intérieur.   843

— Les trois sœurs.   844

— Marcia.   845

— Une parente pauvre.   846

— La ferme aux ifs.   847

— Marthe Blondel.   848

— Léontine.   849

— Abnégation.   850

— L'héritage de Françoise.   851

— Politesse et savoir-vivre.   852

— Lettres à une jeune fille.   853

— Quelques heures de solitude.   854

Œuvres de Mlle *Fleuriot*. Réséda.   855

— Ivonne de Coatmorvan.   856

— Souvenirs d'une douairière.   857

— Sans beauté.   858

— La vie en famille.   859

— Ève.   860

— Marquise et Pêcheur.   861

— Les Prévalonnais.   862

— Sans nom.   863

— Histoires pour tous.   864

— La Glorieuse.   865

Œuvres de Mlle *Fleuriot*. Une famille bretonne. 866
— Un cœur de mère. 867
Œuvres de *Mme de Navery*. Aglaé. 868
— Monique la Savoisienne. 869
— L'Ange du bagne. 870
— Légendes d'Allemagne. 871
— Voyage dans une église. 872
— Jean l'ivoirier. 873
— La cendrillon du village. 874
— Nouvelles de charité. 875
— L'abbé Marcel. 876
— Viatrice. 877
— Les religieuses. 878
— Jeanne-Marie. 879
— Le choix d'une femme. 880
— Le choix d'un mari. 881
— Le chemin du paradis. 882
— La fille du coupeur de paille. 883
— Le rameur de galères. 884
— Récits consolants. 885
— Avocats et paysans. 886
— La femme selon St Jérôme. 887
Œuvres de *Mme Hahn-Hahn*. Maria Régina. 2 vol. 888
— Les deux sœurs. 2 vol. 889
— Doralice. 2 vol. 890
— Pérégrin. 2 vol. 891
— De Babylone à Jérusalem. 892
— Une voix de Jérusalem. 893
— Les martyrs. 2 vol. 894
— Quatre portraits. 895
Œuvres de *l'abbé Devoille*. La charrue et le comptoir. 896
— Le mendiant. 2 vol. 897

Œuvres de *l'abbé Devoille*. Un intérieur. 2 vol.   898
Le manteau brun. 2 vol.   899
— Notre-Dame de consolation. 2 vol.   900
— Vengeance ou une scène au désert.   901
— La cloche de Louville.   902
— La prisonnière de la tour.   903
— Les Croisés. 2 vol.   904
— Le tour de France.   905
— L'enfance de la Providence.   906
— La dame de Châtillon.   907
— Un rêve.   908
— L'œil d'une mère.   909
— Les victimes.   910
— Iréna.   911
— Mémoires d'une mère de famille.   912
— Le siège de Paris.   913
— Les travailleurs.   914
— La fiancée de Besançon. 2 vol.   915
— Le solitaire de l'île Barbe.   916
— Le moine de Luxeuil. 2 vol.   917
— L'exilée.   918
— Les prisonniers de la Terreur.   919
— Le proscrit.   920
— Mémoires d'un ancien serviteur.   921
— La croix du sud.   922
— L'étoile du matin.   923
— L'astre du soir.   924
— Andréas.   925
— Le paysan soldat.   926
— Lucie de Poleymieux.   927
— Eve de Mandre.   928
Œuvres du *P. Bresciani* et du *P. Ballerini*. Le juif de Vérone. 2 vol.   929

Œuvres du *P. Bresciani* et du *P. Ballerini*. Ubaldo
    et Irène. 2 vol.   930
    — Le chasseur des Alpes.   931
    — Le Zouave pontifical.   932
    — La maison de glace.   933
    — Don Giovanni.   934
    — La République romaine et Lionello.   935
    — Mathilde de Canosse et Yolande de Groningue   936
    — Edmond.   937
Olga.   780
Olympe et Adèle.   1078
Onésie, ou les soirées de l'abbaye. *Mme T. des Sa-*
    blons.   783
Oraison funèbre du général Drouot.   784
Ornements de la mémoire.   785
Oromaïka, conversion d'une jeune Indienne.   786
Otto Gartner. *Marin de Livonnière.*   787
Pair (un) d'Angleterre. *Nettement.*   954
Paraboles. *P. Giraudeau.*   946
Parfait (le) domestique.   1160
Paris (à) et en province. *L. Gauthier.*   947
Paul, ou la reconnaissance.   948
Pauline.   1100
Pauvre Jacques.   941
Pazzini et Silva.   955
Pélérinage (un).   1155
Pélérinage (le) de Christian.   1156
Pélérinage d'une jeune fille à Jérusalem.   1157
    — à Notre-Dame de la Trappe.   1154
Père (le) Lacordaire. *Montalembert.*   940
Père (le) Augustin, épisode de la grande Chartreuse. 1101
Perle (la) cachée. *Card. Wisemann,*   945
Perte et gain. *P. Newmann.*   942
Petit (le) jardin, leçons d'une mère à son fils.   1158

Petits aperçus sur de grandes questions. 482

Petites vérités aux jeunes filles. *J. Gouraud.* 945

Petites lectures. 944

Petites causes peu célèbres. 1169

Petites (les) choses. 1163

Petite (la) Marie. 1164

Petits portraits de grands messieurs, de grandes
    dames et de grandes demoiselles. 1167

Petits et grands. *Marin de Livonnière.* 949

Philosophe (un).   —   — 950

Pie IX et l'armée française. 1165

    — (le roi). 1166

Pieuse (la) paysanne. 1066

Pieux souvenirs du pensionnat. 952

Piété (la) rend heureux 951

Pouvoir (le) de la charité Mme de Braye. 956

Prascovie. *Lopouloff.* 957

Prélats (les) les plus illustres. *Max de Montrond.* 484

Poètes (les) les plus illustres.   — 485

Prêtres et religieux les plus illustres. — 486

Première (une) année dans le monde. 958

Privilège (le) de St-Romain. *Ad. Archier.* 959

Prix (le) de la vie. 960

Promenade d'un naturaliste. 961

Prophète (le) du monastère ruiné. *O'Gornam.* 962

Proverbes inédits. Mme de Maintenon. 1150

Quand les pommiers sont en fleurs. *B. Bouniol.* 963

Quarts (les) de nuit. *Lalandelle.* 964

Quatre (les) âges. 1168

Quatre (les) martyrs. *Rio.* 965

Quelques saintes. 1173

Quelques scènes du moyen-âge. *Collin de Plancy.* 966

Quelques lettres trouvées dans la correspondance

d'une institutrice. 967

Rafaëlla. *Silvio Pellico.* 968

Récits du pèlerin. *Letremble.* 2 vol. 969

Récit de persécutions contre des religieuses po-
lonaises. 970

Récits, souvenirs et mélanges. 971

— sur Pie IX. 972

— légendaires. *Alf. des Essarts.* 973

— bretons. *Ropartz.* 974

— variés. *E. Veuillot.* 975

— d'un promeneur. *Cordier.* 976

Récréations de la jeunesse. 977

Réflexions de Polichinelle. 1148

Religieuse (la) du Carmel. *Abbé Casamayor.* 978

Religion (la) présentée au cœur. 1149

Renaud, ou les voies de la Providence. 979

René 980

Revue amusante. 520

Robe (la) de la Vierge. 981

Robert, épisode de 1848 982

Robertine. *Mme de Bawr.* 983

Robinsons (les) français, ou la Nouv. Calédonie. 513

Robinson (le) Suisse. 984

Romaine de Todi. 1163

Rome durant le carême. *Abbé Dumax.* 985

Roquevair (les). *A. Méral.* 986

Rosa Danielo, ou les Sarrasins en Espagne. 987

Rose et Joséphine. 988

Rose Leblanc. *Lady Fullerton.* 519

Roses (les) de Noël. 989

Roseline. 990

St-Père (le) et Rome. *Abbé Mullois.* 992

Ste Jeanne de Chantal et la marquise de Sévigné. 991

Santé (la) universelle. *Docteur Macé.* 458
Sara. *Mme T. des Sablons.* 993
Savant (le) de neuf ans. 994
Scènes de la vie réelle. *Mlle Nottret.* 995
Scènes et nouvelles catholiques. *L. Gauthier* 1147
Scènes et dialogues populaires. 996
Scènes de la vie de campagne. *Chauvelot.* 997
Science (la) du monde. *Mme de Bassanville.* 999
Secret du bonheur. *Mme Drohojowska.* 1000
Sentiments de Napoléon sur le christianisme. 1001
Sérapia. 1002
Séraphine. 1003
Serviteurs (les) de Dieu. *L. Aubineau. 3 vol.* 1004
Simples nouvelles. *Mme de Stoltz.* 1005
Simples récits. *Crétineau Joly.* 938
Sire (le) Evrard. 469
Sires (les) de Coucy. 1006
Sœurs (les) de charité en Orient. 1008
Sœur (une) de Fabiola. 1007
      — (la) de charité. 1009
Sœur Léocadie. 1150
Soirées des jeunes personnes. *Mme de Bawr.* 1010
Soirée (une) en famille. 1011
Soirées de charité. *Mme Drohojowska.* 1012
      — du presbytère. 1151
      — villageoises. 1152
      — de l'ermitage. 1013
      — (les) bien employées. 1014
Solange de Châteaubrun. 512
Solitaire (la) des rochers. *Abbé Bouix. 2 vol.* 1015
Sophie et Eulalie. 1146
Souffrance et courage, ou la pieuse Madeleine. 1016
Sous le chaume. *Mme de la Tour du Pin.* 1028
Souvenirs et esquisses. 1017

Souvenirs, légendes, récits, par la Société de St-Victor. 1018
—   du pensionnat. 955
—   de St-Acheul. 1019
—   et témoignages. *A. de Ségur*. 1020
—   et exemples, dernière couronne d'Eulalie. 1021
—   d'un petit enfant. 1159
—   de la Ste-Enfance. *Max de Montrond*. 1022
—   de 1860. 1023
—   de la congrégation de Notre-Dame. 1024
Stéphano, épisode de la révolution de Rome. 1026
Succès (les) d'un jeune militaire. 1025
Stygmatisées (les) du Tyrol. 1027
Tableau poétique de la foi. *V. Walsh*. 1029
— — des fêtes chrétiennes. — 490
— — général des conversions protestantes du XIXe siècle. 1050
Tébaldo, histoire corse. 1051
Thaïs, comtesse de Rupelmonde. 1085
Théâtre d'éducation. *Mme de Genlis*. 1032
Théâtre des jeunes filles. 5 vol. 1055
Thomas Morus. *Mme de Craon*. 1054
Tilleul (le) ou l'oubli des injures. 1174
Tour (le) du cadran. *Alf. des Essarts*. 1055
Traité de l'éducation. *Mgr Dupanloup*. 2 vol. 488
— — *Abbé Balme-Frézol*. 2 vol. 489
Trésor des familles chrétiennes. 1056
Trève (la) de Dieu. *T. Saint-Germain*. 1068
Triomphe du christianisme. 1162
Triomphe (le) de la piété filiale. 1057
Trois (les) vocations. *Abbé Auber*. 1058
Trois mois à la Louisiane. 522

Turbotière (la) *T. Saint-Germain.* 1072
Urbain et Paula. 1084
Ursulines (les) de Blois. *Abbé Richaudeau.* 2 vol. 1039
Veillées militaires. *A. Balleydier.* 1040
— maritimes. — 1041
— du presbytère. — . 1042
— de famille. — 1043
— des vacances. — 1044
— du château. *Mme de Genlis.* 2 vol. 1045
— amusantes. *Loyseau de Bizot.* 1046
— d'une mère de famille. *Mme Manceau.* 1047
— Flamandes (choix). *H. Conscience.* 562
— de chasse. *Meyne-Reid.* 1048
Veilleuse (la) *T. Saint-Germain.* 1070
Vertu (la) en exemples. 1050
Victor Blanchet. 1049
Vie de Mgr de Quelen. 1188
— du cardinal Cheverus. 1189
— de Mgr Sibour. 1187
— du cardinal Giraud. *Abbé Capelle.* 1186
— du P. de Ravignan. *P. de Pontlevoy.* 2 vol. 1184
— — — *Poujoulat.* 1185
— du père Lacordaire. *P. Chocarne.* 1185
— du curé d'Ars. *Abbé Monnin.* 2 vol. 1182
— nouvelle du curé d'Ars et de Ste Philomène. 1191
— (petite) du curé d'Ars. 1224
— du P. Cathary. 1190
— du P. Ephrem, trappiste. 1217
— du marquis de Villeneuve-Trans. 1218
— de Paul Granger. 1194
— de Louis Stéphanelli. 1214
— de Louis de Sales. 1219
— de Marie Lataste, par une religieuse du
Sacré-Cœur. 1212

Vie de Mlle de Melun. 1215

— des trois nièces de St Louis de Gonzague. 1192

— de Mme Louise de France. *Abbé Proyart.* 1199

— de la mère Thérèse de St Augustin, par une
carmélite. 2 vol. 1199

— de Mme Seton. 1198

— de Mlle de Lamourous. 1208

— de Mme Gélinsky. 1206

— de Mme de Méjanez. 1203

— de sœur Rosalie. 1196

— de Mme de Soyecourt. 1216

— des dames françaises distinguées. 1193

— d'Anna-Maria Taïgi. 1213

— de Fanny. 1225

— de sœur Marie de Ste-Victoire. 1210

— des premières religieuses de la Visitation.
2 vol. 1195

— des fondatrices d'ordres religieux. 1220

— des justes parmi les filles chrétiennes. 1207

— de Pauline de St-André. 1201

— de Victorine de Gallard. 1202

— d'Eléonore de Gaulmyn. 1222

— et lettres de Mme de Cadrieu. 1211

— et lettres de Rosa Ferrucci. 1204

— de Mme Mallac, religieuse du Sacré-Cœur. 1205

— de l'abbé Perreyve. 1200

— du duc de Bordeaux. 1197

— du général Drouot. 1114

Vierge (la) des campagnes. 1221

Virginie, ou la vierge chrétienne. 2 vol. 1051

Visites pastorales de Mgr Sibour. 1209

Visnelda, ou le christianisme dans les Gaules. 1052

Vivia, comte de Maricourt. 1053

Voisins (les). *F. Bremer*. 2 vol.   1054
Vocation (la) ou le jeune missionnaire. *Mme Moreau*. 1055
Voyage au pays des bêtes. *Doury*. 2 vol.   1056
— du petit André.   1057
— d'une jeune fille autour de sa chambre.
    E. Faucon.   1058
— d'un catholique autour de sa chambre.
    L. Gauthier.   1059
Vrai bonheur (le) ou illusions et réalités de la vie.
    Abbé Lasalle.   1060
Zoé, ou la femme légère. *Mme T. des Sablons*.   1061

IIIe SECTION.

HISTOIRE. — VOYAGES. — LITTÉRATURE. — SCIENCES.

Abbé Freppel, cours d'éloquence. Tertullien. 2 v. 1249

— S. Cyprien ou l'Église d'Afrique au IIIe siècle. 1249

Abeille poétique. 1415

Adam, poëme. *Vicomte Walsh.* 1419

Anabaptistes (les). *Vicomte de Bussière.* 1256

Antonins (les). *Frantz de Champagny.* 3 vol. 1258

Astronomie et météorologie. *Mlle Ulliac Trémadeure.* 1227

Beautés et merveilles de la Chine et du Japon. 1450

Beautés de l'histoire des croisades. 1575

Bibliographie catholique, revue mensuelle. 1240

Bibliothèque poétique de la jeunesse. *Abbé Reyre.* 1402

Bossuet. — Discours sur l'histoire universelle. 1260

— Morceaux choisis. 1260

Buffon. — Morceaux choisis. 1425

Causeries littéraires sur quelques femmes célèbres.

Emile Deschamps. 1444

Césars (les). *Frantz de Champagny.* 2 vol. 1257

Charlemagne et son siècle. *Roy.* 1591

Charles-Quint et son abdication. *Mignet.* 1595

Chrétienne (une) à Rome. 1455

Christophe Colomb. *Roselly de Lorgues.* 2 vol. 1295

Cochinchine (la) et le Tonquin. *Eug. Veuillot.* 1294

Constantinople.   1291
Correspondance de Marie-Antoinette, publiée sur
    les documents originaux. *Comte d'Hunolstein*.   1242
Correspondance du P. Lacordaire et de
    Mme Svetchine.   1433
Corneille (épuré).   1406
Cours d'histoire. *A. M. D. G.* 4 vol.   1315
Cours de littérature. *D'Angely*.   1314
Culte et pèlerinages de la Ste Vierge en Alsace.
    Vicomte de Bussière.   1246
Dante. — Divine comédie.   1404
Découvertes célèbres.   1452
Départ d'Eden. *Delille*.   1417
Dernier (le) des Stuarts. *Roy*.   1245
Désert (le) et le monde sauvage. *Arthur Mangin*. 1225
Don Quichotte (épuré).   1244
Eglise (l') jugée par ses œuvres. *Abbé Hoffmann*. 1243
Eglise (l'), la France et le schisme en Orient.
    Eug. Veuillot.   1317
Eglise (l') romaine et la révolution. *Crétineau-
    Joly*. 2 vol.   1316
Erreurs et mensonges historiques. 2 vol.   1318
Esquisses poétiques. *Alletz*.   1421
Etude critique sur le feuilleton-roman. *Nettement*.
    2 vol.   1248
    — Sur le roman contemporain.   —   1248
    — Sur les romans contemporains. *Alf. de Val-
    conseil*. 2 vol.   1247
Etudes sur l'Allemagne contemporaine. *Cazalès*. 1443
Etudes littéraires. *L. Gauthier*.   1319
Etudes critiques sur quelques papes, traduit par
    l'*abbé Reinhard*.   1229
Etudes et portraits. *Dupuy*   1390

Etudes sur la composition.
Fauteuils (les) illustres. *Mme d'Altenheim.*
Femme (la). *Anaïs Ségalas.*
Fénelon. — Morceaux choisis.
Fleurs de la poésie française.
Français (les) en Algérie.
France (la) héroïque. *B. Bouniol.* 3 vol.
Fronde (la) et Mazarin. *Todière.*
Génie du christianisme. *Chateaubriand.* 8 vol.
Guérin (Eugénie de). — Lettres.
    — — Journal.
Guérin (Maurice de). — Lettres.
Gloires (les) nouvelles du catholisisme. *P. Ventura.*
Guerre et révolution d'Italie.
Guerre (la) des paysans. *Vicomte de Bussière.*
Histoire Sainte. *Boreau.*
    — de la religion. *Lhomond.* 2 vol.
    — de l'Ancien et du Nouveau Testament.
      Overberg.
    — de l'Eglise. *Abbé Darras.* 20 vol.
    — de l'Eglise (abrégé). *Lhomond.*
    — des Juifs. *Flavius Josèphe.* 3 vol.
    — ancienne. *Boreau.*
    — Grecque.   —
    — Romaine.   —
    — Romaine, trad. de l'Anglais.
    — du Moyen-Age. *Boreau.*
    — du Bas-Empire. *Mazas de Sarion.*
    — de la Papauté. *Henrion.* 3 vol.
    — des Souverains Pontifes. *Artaud de Montor.*
      8 vol.
    — populaire des Papes. *Chantrel.* 12 vol.
    — de France. *Gabourd.* 3 vol.

Histoire de France. *Lefranc.* 2 vol. 1337.   1337

— — *Boreau.*   1337

— des Croisades. *Michaud.* 4 vol.   1264

— — (abrégé) *Michaud et Poujoulat.*   1338

— — *Valentin.*   1339

— de Jérusalem. *Poujoulat.* 2 vol.   1340

— du siége de Jérusalem.   1341

— des Templiers.   1342

— de la Chevalerie.   1343

— du Japon.   1344

— des découvertes de l'Amérique.   1345

— Contemporaine. *Chantrel.* 3 vol.   1346

— de la révolution française. *Poujoulat.* 2 vol.   1262

— de la révolution française dans le Haut-Rhin. M. *Véron-Réville*, conseiller à la Cour imp.   1239

— d'Alsace (abrégée). *Chanoine Hunckler.*   1376

— d'Angleterre. *Boreau et Duchiron.*   1347

— de Russie.   —   1348

— de Pologne.   —   1349

— de la Compagnie de Jésus. *Crétineau-Joly.* 6 vol.   1350

— de la Compagnie de Jésus. *Daurignac.* 2 vol.   1351

— de François Ier et de la renaissance. *M. de la Gournerie.*   1261

de Jeanne d'Arc. *Abbé Barthélemy.* 2 vol.   1265

— — *Roy.*   1369

— du règne de Louis XIV. *Loc-Maria.*   1275

— de Marie Stuart.   1354

— d'Elisabeth. *Mme Tarweld.*   1355

— de Stanislas Ier.   1352

— de Marie Leczinska.   1353

— de Marie-Thérèse. *Nettement.*   1272

— du Dauphin. *Abbé Proyard.*   1359

Histoire de Louis XVI. *Comte de Falloux*.   1356
  — de Marie-Antoinette.   1357
  — — Extrait des mémoires de *Veber*.   1358
  — d'Innocent III. *Hurter*. 3 vol.   1250
  — de Léon X. *Audin*.   1365.
  — de Luther.   —   1366
  — de Calvin.   —   1367
  — de Henri VIII —   1368
  — de Bossuet. *Cardinal Beausset*.   1360
  — de Fénelon.   —   4 vol.   1361
  — de la reine Blanche.   1362
  — de Napoléon.   1363
  — de Voltaire.   1364
  — de Mme de la Rochejaquelein.   1370
  — de l'établissement du protestantisme à Strasbourg et en Alsace. *Vicomte de Bussière*.   1278
  — de la Réforme en Suisse. *Haller*.   1373
  — de la Réforme en Angleterre. *William Cobbet*.   1374
  — de la littérature française, depuis la Restauration. *Nettement*. 2 vol.   1279
  — d'une bouchée de pain. *Macé*.   1377
Jérusalem (la) délivrée. *Le Tasse*.   1403
Journal du Temple.   1399
Journal d'un missionnaire au Texas et au Mexique. *Abbé Domenech*.   1295
Lamartine. — Méditations. 2 vol.   1382
  — Harmonies.   1383
  — Lectures pour tous.   1384
Légende du Florival ou la mythologie allemande dans une vallée d'Alsace. *Abbé Braun*.   1313
Lettres sur l'Italie, revues et épurées. *Dupaty*.   1385
Lettres du P. Lacordaire à Mme la Tour du Pin.   1280
Lettres vendéennes. *Vicomte Walsh*.   1386

Littérature contemporaine. *Poujoulat.* 1387
Livre (le) des orateurs. *Timon.* 2 vol. 1388
Livre (le) de la nature. *Desdouits.* 4 vol. 1441
Livre (le) des mères chrétiennes. — Poésies.
  H. Violeau. 1411
Loisirs poétiques. *H. Violeau.* 1412
Mélanges. *Nath. Pitois.* 1289
Mémoires de Mme Elisabeth de France. 1252
  — de Mme de la Rochejaquelein. 1251
  — d'un prisonnier d'Etat. *Andryane.* 1296
  — sur Mme de Maintenon. 1371
Messiade. *Klopstock.* 1405
Mille et une nuits (épuré). 1440
Missions (les) chrétiennes. *Marshall.* 2 vol. 1257
Missions d'Amérique. 1447
  — du Paraguay. 1448
  — de l'Inde et de la Chine. 1449
  — du Maduré. *P. Bertrand.* 5 vol. 1288
Mœurs des Israélites. *Fleury.* 1372
Moines (les) d'Occident. *Montalembert.* 1251
  — (les) et leur influence sociale. *Abbé Martin.* 1252
Molière. (épuré). 1409
Mort d'Abel. — Poëme. *Gessner.* 1416
Muse (la) du jeune âge. 1420
Naples. 1290
Notices littéraires sur le XVIIe siècle. *Aubineau.* 1292
Œuvres scientifiques de *Figuier.* —La terre avant
  le déluge. 1255
  — La terre et les mers. 1254
  — Le savant du foyer. 1255
  — Grandes inventions. 1256
Œuvres de *Joseph de Maistre.* —Soirées de Saint-
  Pétersbourg. 2 vol. 1297

Œuvres de *Joseph de Maistre.* — Du Pape.   1298
— Lettres et opuscules. 2 vol.   1299
— Eugène de Costa (lettres).   1299
— Pensées. 2 vol.   1300
Œuvres complètes du cardinal *Pacca.* 2 vol.   1283
Œuvres d'*Ozanam.* — Poètes (les) Franciscains.   1274
— Dante et la philosophie cath. au XIIIe siècle.   1275
— Lettres. 2 vol.   1276
— Œuvres choisies.   1277
Œuvres complètes de Xavier de Maistre.   1389
Œuvres de *Louis Veuillot.* — Pierre Saintive.   1301
— Pélerinages en Suisse.   1302
— Rome et Lorette.   1303
— Parfum (le) de Rome. 2 vol.   1304
— Çà et là. 2 vol.   1305
— Libres (les) penseurs.   1306
— Historiettes et fantaisies.   1307
— Nattes (les).   1308
— De quelques erreurs sur la papauté.   1309
— Etude sur St Vincent de Paul.   1310
— Petite philosophie.   1311
— Corbin et d'Aubecourt.   1312
Pape (le) en tous les temps.   1400
Pascal, sa vie, son caractère. *Abbé Maynard.* 2 vol.   1281
Pensées de Pascal.   1282
Pélerinage à Jérusalem. *Mgr Mislin.* 2 vol.   1238
— *P. de Géramb.* 3 vol.   1451
Pensées sur les divers âges de la vie. *Grünn.*   1394
Phénomènes et métamorphoses des papillons.
Mlle Trémadeure.   1227
Pluralités des mondes. *Fontenelle.*   1445
Poésies de Turquety.   1410
Poésies dédiées à la jeunesse. *Alex. Guiraud.*   1418

Pontificat de Pie VI. *Artaud de Montor.*   1397

  — de Pie VII.   —   1398

Racine (épuré).   1407

Récits sur quelques célébrités littéraires. *Henri van Looy.*   1271

Religion (la) et la grâce. — Poème. *L. Racine.*   1408

Revue du Monde catholique, publication mensuelle.   1228

Richard Cœur-de-Lion. *Champagnac.*   1392

Rome. — Souvenirs religieux, artistiques, littéraires. *Mme de la Rochère.*   1265

Rome et Londres. *Abbé Margotti.*   1266

Rome et Jérusalem. *D'Avenel.*   1267

Romes (les trois). *Abbé Gaume.* 5 vol.   1268

Rome et la Judée. *Champagny.*   1259

Rome. — Lettres d'un pélerin. *Lafond.* 2 vol.   1454

Saison (une) à Nice.   1395

Sept (les) basiliques de Rome. *Vicomte de Bussière.*   1250

Sicile (la).   1270

Silvio Pellico. — Mes prisons.   1434

  — Lettres.   1435

Soirées (les) de Monthléry. — Entretiens sur les origines bibliques. *Desdouits.*   1241

Soupirs. *Mme d'Ayzac.*   1414

Souvenirs de 40 ans. — Récit d'une dame de *Mme la Dauphine.*   1426

Souvenirs de l'Orient. *Comte Marcellus.*   1427

  — sur les quatre derniers papes. *Card. Wiseman.*   1284

  -- historiques des monuments de Paris. *Vicomte Walsh.*   1424

  — d'Espagne et d'Italie.   1425

Souverain (le) Pontife. *Mgr de Ségur.*   1396

Swetchine (Madame). — Vie et pensées. 2 vol. 1430
— Lettres. 2 vol. 1431
— Journal et prières. 1432
Sévigné (Madame de). — Vie. 1428
— Choix de lettres. 1429
Tableau des Catacombes. *Raoul Rochette.* 1436
Tableau populaire de la révolution. *Terrier de Loray.* 1438
Télémaque. 1439
Terre (la) Sainte. 1226
Tour (un) dans les prairies. 1446
Traité théorique et pratique de littérature pour les demoiselles. *Lefranc.* 1457
Trésor littéraire des jeunes personnes. 1269
Voyage de la Trappe à Rome. *P. de Géramb.* 1455
— en Orient. *Abbé ***.* 1456
— en Judée. *R. P. de Damas.* 1457
— au Sinaï. — 1458
— de l'Erèbe et la Terreur. 1459
— dans les glaces du pôle Nord. 1460
Voyages et découvertes en Océanie. 1461
Voyage dans les solitudes américaines. 1462
Voyages et conquêtes de Christophe Colomb. 1463
Voyage en Tartarie et dans le Thibet. *Abbé Huc.* 2 vol. 1464

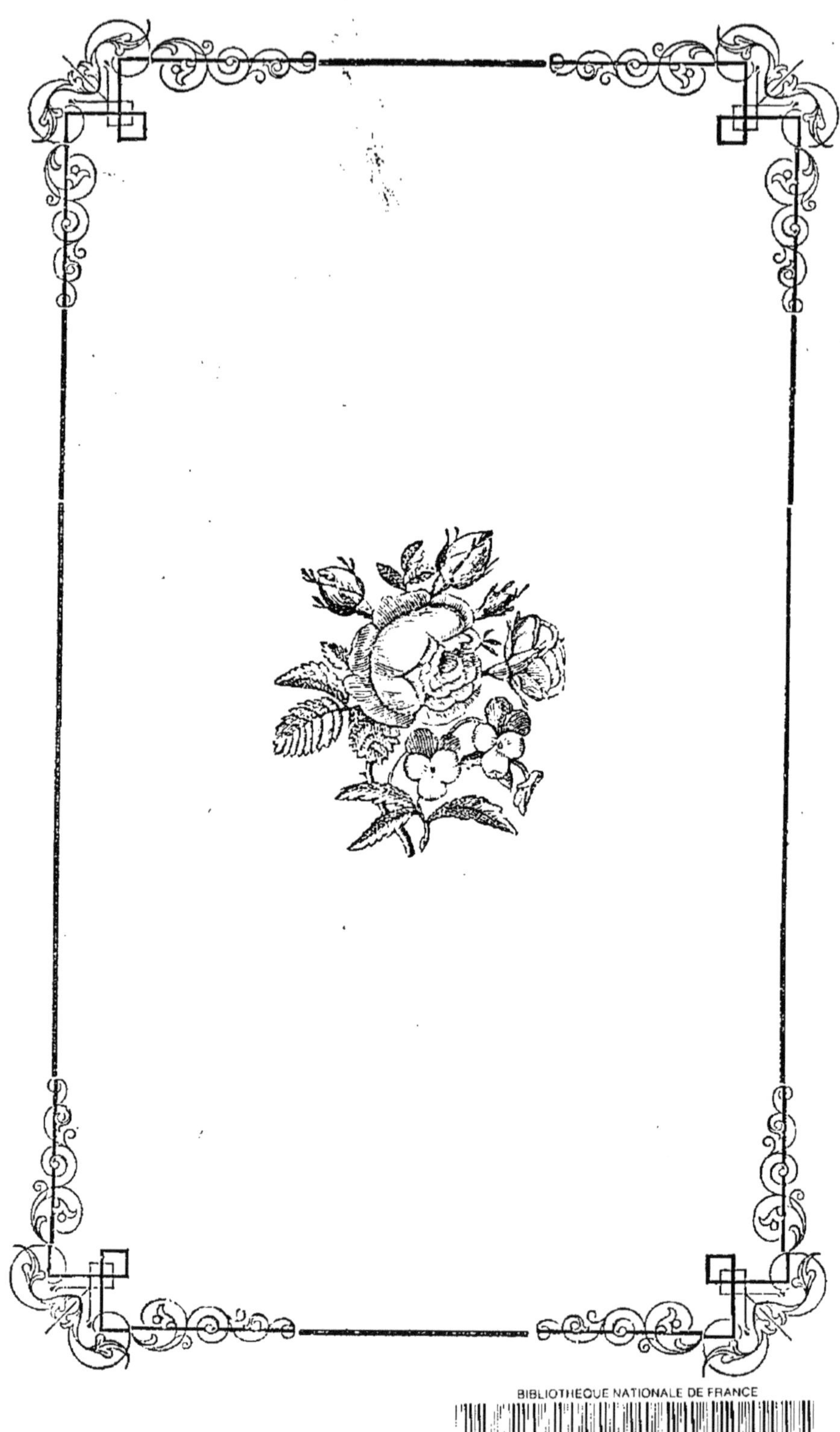

www.ingramcontent.com/pod-product-compliance
Ingram Content Group UK Ltd.
Pitfield, Milton Keynes, MK11 3LW, UK
UKHW021500090726
13657UKWH00003B/1442